글을 쓴 장지연 선생님은

서울대학교 국사학과에서 한국사를 공부하고 대전대학교 혜화리버럴아츠칼리지 역사문화학전공 교수로 재직하고 있습니다. 조선의 한양과 고려의 개경을 중심으로 궁궐을 비롯한 수도 계획을 연구해 왔으며, 언어와 의례, 이념을 통해 공간의 역사성을 살피는 데 관심을 가지고 있습니다. 『고려 황도 개경』(공저), 『경복궁 시대를 세우다』 등과 어린이책 『마주 보는 한국사 교실 5』, 『질문하는 한국사 3 조선』, 『세종로 1번지 경복궁 역사 여행』을 썼습니다.

그림을 그린 전지 선생님은

안양에 살면서 우리나라 여러 구도심에서 볼 수 있는 상황과 이야기를 채집합니다. 자세히 보여 주고 싶은 이야기는 만화로, 거리를 두고 보여 주고 싶은 이야기는 페인팅, 드로잉, 만들기로 표현합니다. 작품에는 늘 조금의 유머와 독백이 들어갑니다. 만화책 『단편만화수필집 끙』, 『오팔하우스』, 가족구술화 엄마편 『있을재 구슬옥』과 드로잉아카이브북 『채집운동』을 쓰고 그렸고 『어디에서 살까』에 그림을 그렸습니다.

새로 보는 한강 역사 여행

한강에 살아요

2024년 4월 15일 초판 1쇄 발행
2025년 10월 20일 초판 2쇄 발행

글쓴이	장지연
그린이	전지
펴낸이	김상미, 이재민
편집	이지완
디자인	나비
펴낸곳	㈜ 너머_너머학교
주소	서울시 서대문구 증가로20길 3-12 1층
전화	02)336-5131, 335-3366, 팩스 02)335-5848
등록번호	제313-2009-234호
ISBN	979-11-92894-49-2 74900
	978-89-94407-33-3 74900(세트)

너머북스와 너머학교는 좋은 서가와 학교를 꿈꾸는 출판사입니다.
https://blog.naver.com/nermerschool

새로 보는 한강 역사 여행

한강에 살아요

장지연 글 | 전지 그림

너머학교

서울 한복판을 가로지르는 한강.
태백산맥에서 시작해서 한반도의 허리를 띠처럼 감싸고 굽이굽이 흘러 서해로 들어갑니다.
우리 나라 강 중에 물 양이 가장 많고 길이는 낙동강에 이어 두 번째입니다.
이 너른 한강이 품고 있는 이야기 속으로 들어가 볼까요?

한강은 북위 36도, 동경 126도 즈음에 위치합니다. 유역 면적 26,018km², 출구부터 발원지까지 본류를 따라 재면 514.8km에 달합니다. 서울특별시 면적은 605.2km², 서울에서 부산까지 직선거리는 대략 300km입니다.

성벽의 두께 43m 이상, 높이 11미터, 총 둘레가 3.5km인 풍납토성은 우리나라에서 가장 큰 토성입니다. 백제는 이곳에서 475년까지 번창했습니다.

개경을 서울로 삼은 고려는 한강 북쪽에 남경을 건설했습니다.
남경은 남쪽의 서울이라는 뜻입니다.
그리고 한강을 오가기 위해 사평나루를 만들었습니다.
지금의 한남대교 부근인 이 나루는 곧 한강의 중심지가 되었습니다.

망원정 서쪽 양화나루입니다.
명나라에서 온 사신과 조선 관리가 잠두봉 봉우리에 오르네요.
새로운 왕조 조선에서는 한강 북쪽에 도읍을 정하고 한성이라고 했습니다.
십만이 넘는 사람들이 한강에 기대어 살아가게 되었답니다.

조선 건국 후, 1394년에 개경에서 한양으로 수도를 옮겼습니다. 한강을 이용하는 사람이 많아지자 나루도 늘어나고 멋있는 정자도 많이 생겼습니다.

조선 시대에는 한강 전체를 경강이라고 했습니다. 서울의 강이라는 뜻입니다. 조선 사람들이 말하는 한강은 지금의 한남대교 부근을, 용산강은 지금의 원효대교 부근을 가리킵니다.

딱 딱 딱

한성 사는 사람들이 돌을 떼 가는 바람에
용산강 남쪽 돌산이 작아지고 강이 얕아졌습니다.
사람들이 주변 산의 나무를 베어 내자
여름철 큰비에 흙이 흘러내려 개천을 막아 물난리가 나기도 했죠.
사람은 사는 곳의 환경을 바꿉니다. 환경은 사람들의 삶을 바꾸지요.
옛날에도 마찬가지였답니다.

한강 하류의 행주산성은 1593년 봄날, 조선군이 왜군과 치열한 전투를 벌여 큰 승리를 거둔 곳입니다.

한강 중류의 노들나루는 1795년 봄, 화성을 오가기 위해 정조 임금님이 배다리를 놓았던 곳입니다.

양화 서강 마포 용산

쇠로 만든 큰 다리, 한강철교가 놓이고 기차가 오가기 시작했습니다.
다리 아래로는 시커먼 연기를 내뿜는 증기선이 다닙니다.
바람을 타는 돛단배도 여전히 오르내렸고요.
한강은 이제 시끄럽고 아주 바쁜 곳이 되었습니다.

칙칙 폭폭 칙칙 폭폭

큰일났습니다!
한강 물이 불어나 길과 마을을 덮쳐요.
용산역 1층 천장까지 물이 찼습니다!
이 여름 닷새 동안 일 년 내릴 양의 반에 가까운 비가 내렸습니다.
날씨를 기록하기 시작한 이래 한강에 가장 큰 피해를 입힌 홍수였습니다.

한강 철교 붕괴

1925년은 간지로 을축년이어서 이 해의 홍수를 을축년 대홍수라고 부릅니다. 7월 9일부터 사흘간, 15일 밤부터 닷새간 서울에 753mm의 비가 쏟아졌습니다.

을축년 대홍수로 한강이 변했습니다. 섬의 크기가 변하고 물길이 바뀌었어요.
뚝섬과 잠실은 얕은 개울, 신천을 사이에 두고 거의 붙어 있었어요.
대홍수로 신천에 큰 물길이 뚫리면서 한강의 주된 물길이 되었어요. 그 뒤로 신천강이라고 불렸지요.
잠실은 잠실과 부리도로 나뉘었습니다.
그동안 몰랐던 암사동, 풍납동의 유적과 유물도 드러났습니다.

암사동에서 신석기 시대의 집터와 유적이, 풍납동에서 백제 시대의 풍납토성과 유물이 발견되었어요.
송파근린공원에는 을축년 대홍수 기념비가 있습니다.

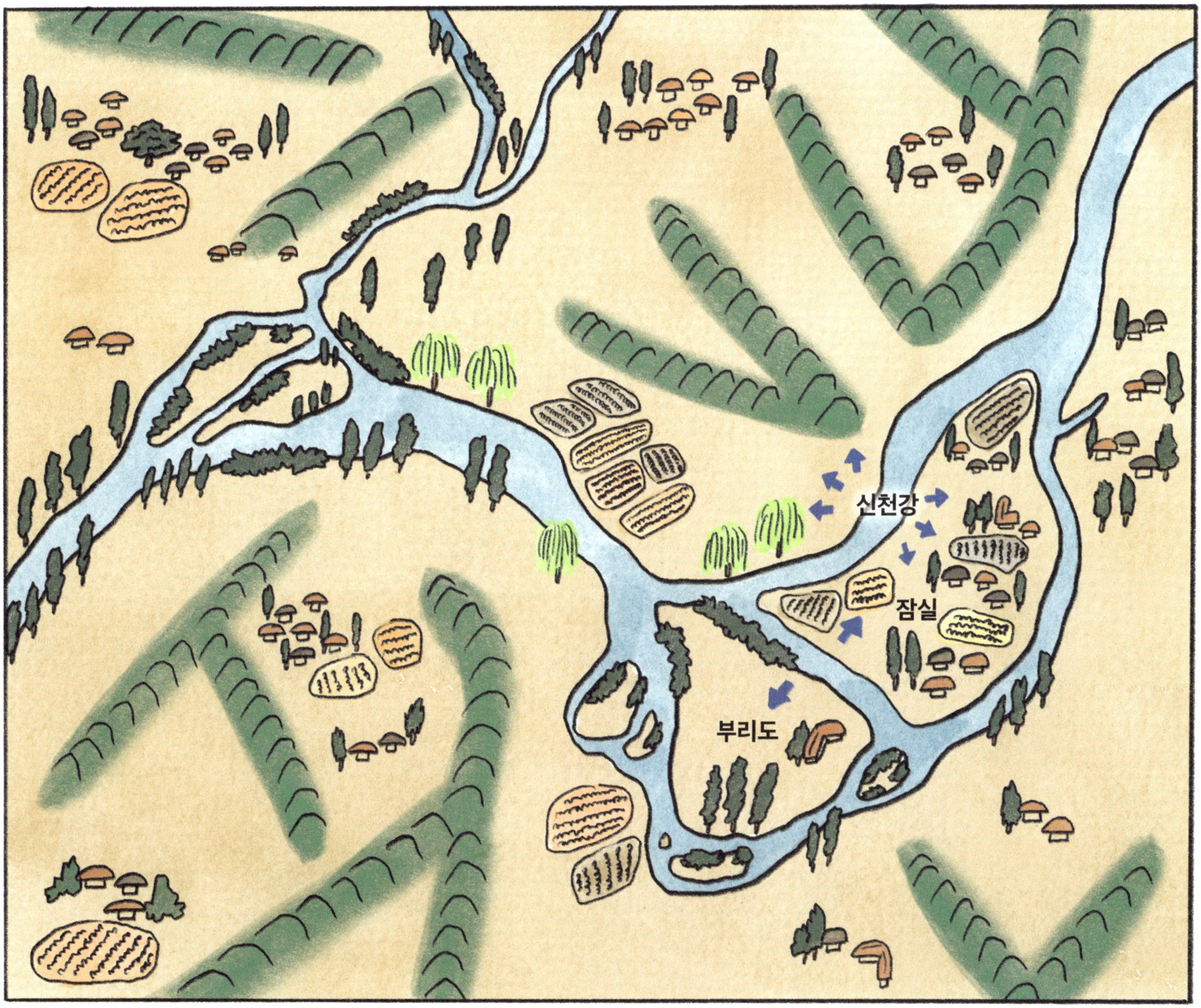

갈돌

곡식을 갈았던 도구로, 암사동에서 나왔습니다.

대형 토기

풍납토성에서 발견된 토기입니다.

초두

풍납토성에서 발견된 청동 냄비 초두입니다.

밤섬의 어떤 이는 배를 만들었습니다. 조선 시대부터 배를 만들던 솜씨 좋은 장인이었습니다.
어떤 이는 땅콩을 키웠습니다. 모래흙이라 땅콩이 잘 되었거든요.
밤섬 주변에서 장어가 많이 잡혀서 장어구이도 유명했습니다.
여의도보다 크기는 작아도 밤섬은 살기 좋은 마을이었습니다.

밤섬의 서쪽 난지도는 경치가 아름답고 꽃과 갈대가 우거진 섬이었습니다.
모래밭이 좋아 땅콩과 수수가 잘 자랐죠.
그러나 1978년부터 난지도는 쓰레기를 모으는 곳이 되었습니다.
서울에 살러 온 사람들 때문에 쓰레기가 엄청나게 늘었기 때문입니다.

쓰레기를 쌓고 흙을 덮고 다시 쓰레기를 쌓고 흙을 덮었습니다.
결국 세계에서 가장 높은 98미터 쓰레기 산이 두 개나 생겨 버렸어요.
1990년대부터 더는 쓰레기를 받지 않았지만 독한 가스와 더러운 물이 계속 나왔습니다.

서울의 면적은 1945년 이후 4배 정도 증가했는데 인구는 90만 명에서 1977년 750만 명 이상으로 8배 넘게 늘었습니다.

한강 공사를 시작한다더라?

강바람 시원하네.

1981년, 서울에서 1988년도 올림픽을 열기로 결정됐습니다.
멋진 서울을 만들자며 한강의 대변신을 시작했습니다.
하수 처리 시설을 만들고 물속에는 보를 만들었어요.
강줄기는 직선으로 다듬고 강바닥도 파냈지요.
잠실에는 올림픽 경기장과 선수촌을 지었습니다.
모래밭이 넓게 펼쳐지고 샛강과 크고 작은 모래섬이
어우러진 한강의 모습은 사라지고 말았습니다.

한강 전체의 물 깊이는 2.5m로 고르게 파냈고, 강 연안을 다듬어 둔치 총 693만㎡, 체육공원 9개를 만들었습니다. 한강 다리는 32개입니다(2023년 기준).

한강에 높은 둑을 쌓았기에
강 가까이에도 높은 아파트를 세울 수 있었습니다.
둑 위로는 한강을 따라 새 도로를 만들었습니다.
올림픽 주경기장으로 가는 올림픽도로입니다.
한밤중에도 아파트와 가로등, 자동차의 불빛이 알록달록
한강을 비추며 도시의 풍경을 완전히 바꾸었습니다.

둑이 있어도 홍수를 피할 수는 없었습니다.
1984년 9월, 태풍 준이 올라오며 큰비가 쏟아지자
마포구 제방이 붕괴되어 망원동 일대가 물에 잠겨 버렸습니다.

1990년 9월에도 큰비가 왔습니다.
행주대교 남쪽의 낡은 일산 제방이 무너져,
고양군 일대 83개 마을이 물바다가 되었습니다.

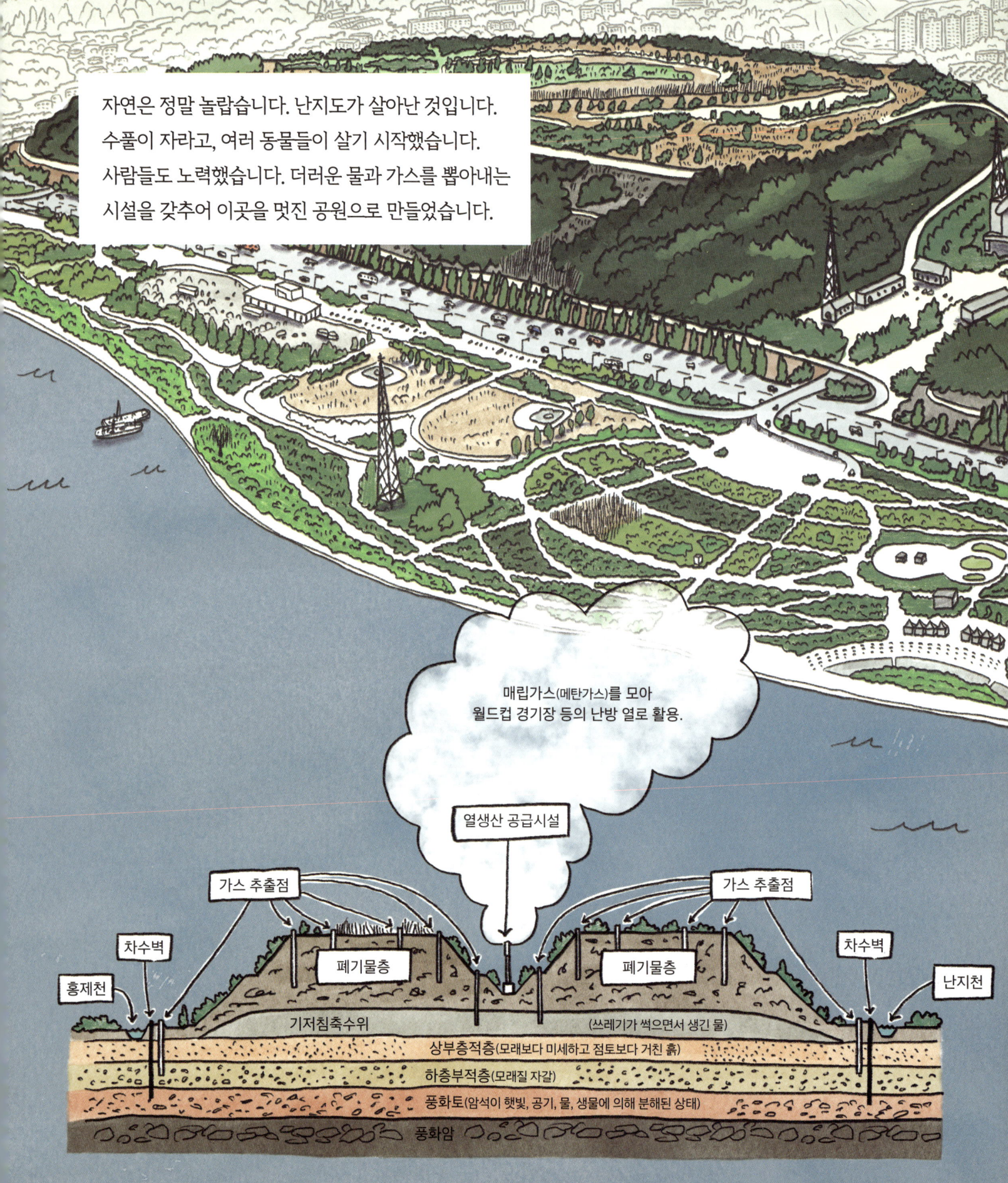

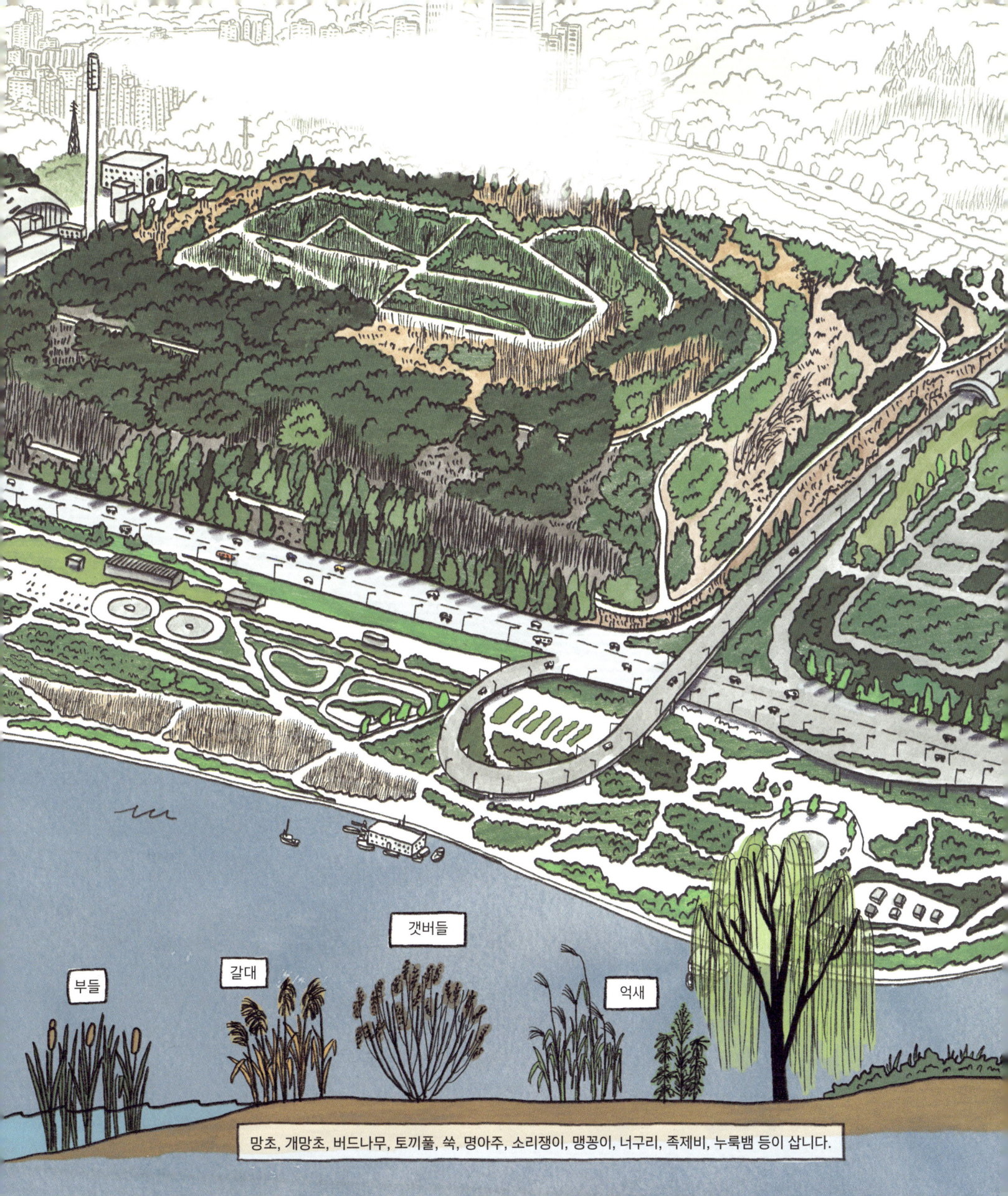

여의도에는 1997년 우리나라에서 최초로 만든 샛강생태공원이 있습니다. 사람들이 한강 주변에 도로와 건물을 짓느라 무엇을 잃어버렸는지 깨달은 것이지요. 4.6km에 달하는 버드나무 숲, 넓게 펼쳐진 습지에는 푸릇푸릇 수풀이 우거지고 갖가지 동물이 찾아옵니다. 사람들의 노력으로 자연도 변화합니다.

청소 답사 생태 체험

바다 밀물이 들어오는 것을 막기 위해 하구에 둑을 설치하곤 합니다. 논밭도 더 생기고 물에 잠기는 피해도 막을 수 있지만 강물의 흐름을 막아서 수질이 나빠집니다. 습지와 섬이 없어지고 이곳을 터로 삼아 살아가는 수많은 동물과 식물을 잃게 됩니다. 한강 하구는 우리나라 큰 강 중 하구 둑이 없는 유일한 강입니다.

| 너머학교 역사 그림책 시리즈 |

아마존에서 조선까지 고무 따라 역사 여행
최재인 글 | 이광익 그림

조선에서 파리까지 편지 따라 역사 여행
조현범 글 | 강전희 그림

식탁에서 약국까지 설탕 따라 역사 여행
김곰 글 | 김소영 그림

하늘로 날아
샐리 덩 글·그림 | 허미경 옮김

세종로 1번지 경복궁 역사 여행
장지연 글 | 여미경 그림

망치질하는 어머니들 깡깡이마을 역사 여행
박진명 글 | 김민정 그림

한강에 살아요
장지연 글 | 천지 그림

시간의 지도 정말 아름다운 세계사
톰마소 마이오렐리 글 | 카를라 마네아 그림 | 주효숙 옮김

색의 아틀라스 (가제·근간)
톰마소 마이오렐리 글 | 카를라 마네아 그림 | 주효숙 옮김

| 너머학교 톡톡 지식그림책 시리즈 |

1 타다, 아폴로 11호
브라이언 플로카 글·그림 | 이강환 옮김

2 증기기관차 대륙을 달리다
브라이언 플로카 글·그림 | 유만선 옮김

3 밤하늘을 봐!
제이컵 크레이머 글 | 스테파니 숄츠 그림 | 하미나 옮김

4 얼음이 바사삭 그림 사전
레나 회베리 글·그림 | 신동경 옮김